PARALLÈLES HISTORIQUES

NAPOLÉON

LOUIS XIV — CROMWELL — WASHINGTON

(*Extrait du Bonapartisme dans l'histoire de France.*)

PAR

M. LOUIS COUTURE

AUTEUR DU GOUVERNEMENT HÉRÉDITAIRE EN FRANCE

Les Capétiens sont nés, à la fin du dixième siècle, avec la féodalité; ils devaient disparaître, et ils ont en effet disparu, à la fin du dix-huitième, avec la noblesse.

Les Bonaparte sont nés avec la démocratie; c'est à eux de la gouverner.

(*Du Gouvernement héréditaire en France.*)

PARIS

MICHEL LÉVY FRÈRES, LIBRAIRES-ÉDITEURS,

RUE VIVIENNE, 1.

1852

NOTE DE L'ÉDITEUR.

Ces parallèles historiques sont extraits de la seconde partie du *Bonapartisme dans l'histoire de France*, dont la pre-
mière partie a déjà paru.

NAPOLÉON

LOUIS XIV — CROMWELL — WASHINGTON

ou

POURQUOI FINISSENT LES DYNASTIES;

QUAND ET COMMENT ELLES NAISSENT.

———

Il y a dans l'histoire moderne trois grandes époques qui ne peuvent être trop étudiées et trop comparées entre elles par qui veut se rendre compte du rôle que jouent les dynasties dans le gouvernement du monde, des causes qui les font naître ou qui les condamnent à périr : soit que la monarchie doive céder la place à la république, ou que ce soit aux vieilles races à la céder aux races nouvelles. Ces époques sont le milieu du xviie siècle pour l'Angleterre, la fin du même siècle pour la France, et, pour le sol nouveau où s'élèvent les États-Unis, la fin du xviiie.

Aucun temps plus que le nôtre n'eut besoin d'aller chercher des exemples ou des leçons dans ces temps féconds en enseignements. Nous mettrons en évidence en quoi notre époque se rapproche ou diffère de ces trois moments décisifs dans la vie de chacun de ces peuples, en opposant aux trois hommes qui les représentent : Cromwell, Louis XIV, Washington, — l'homme en qui se personnifie la nouvelle civilisation française : — Napoléon.

I

NAPOLÉON. — LOUIS XIV.

Napoléon et Louis XIV ont cette ressemblance, que ces deux grands chefs d'État ont, plus que tout autre souverain de notre histoire, réuni la toute-puissance entre leurs mains.

Mais, si Louis XIV et Napoléon se ressemblent par la toute-puissance, ils diffèrent profondément par l'usage que chacun d'eux en a fait.

La politique intérieure de Louis XIV est tout entière à individualiser la royauté.

Il n'y a pas, dans ce long règne, un seul jour où perce la pensée de donner à la royauté, pour aide et pour nouvel appui, à la place de l'ancien système anéanti des pouvoirs féodaux, un système nouveau de forces politiques prenant sa vie dans des institutions liées à la monarchie d'une façon permanente, et non dans la volonté personnelle de chaque roi, cette volonté plus changeante encore que les règnes!

Pour Louis XIV, la royauté est parfaite quand elle n'est entourée et servie que des créatures du roi.

Si Louis XIV permet aux titres des nobles et à l'hérédité des fonctions judiciaires de rester indépendants de sa volonté personnelle et de celle de ses successeurs, c'est que Louis XIV comprend que le roi désormais n'aura rien à craindre de l'influence sur le peuple de la noblesse d'épée ou de la noblesse de robe. Il sent que la vénalité des charges judiciaires, les titres de noblesse achetés à prix d'argent, les priviléges maintenus là où il n'y a plus de fonctions, devaient rendre impuissants ceux qu'un pareil système avilissait.

Sans doute la tradition peut beaucoup pour nous soutenir et nous conduire, surtout quand cette tradition puise sa force dans un aussi grand passé que le passé d'une race qui, depuis six cents ans, gouverne la France. Mais Louis XIV ne voit pas que, même alors, la tradition, quand on l'isole, n'en est pas moins insuffisante à défendre l'homme d'État contre les faiblesses de toute sorte de notre nature.

Louis XIV ne se demande pas qui empêchera la royauté française, telle qu'il la fixe, de s'avilir sous un Louis XV, de s'évanouir sous un Louis XVI.

Louis XIV fut un grand citoyen. Personne n'a porté plus haut que lui l'orgueil, qu'on ne peut porter trop haut, de commander et de représenter la France. Tout entier à son rang, — ce qui, plus qu'on ne croit, veut dire à son devoir, — Louis XIV vit toujours en roi; et nul plus que lui n'a confondu sa propre vie avec la vie de la nation.

Louis XIV fut un grand administrateur. Personne que lui n'a tiré plus de parti des ressources de la patrie, et avec des institutions plus imparfaites, moins appropriées aux convenances de la centralisation. Qu'on ne dise pas que les ministres, Louvois, Colbert, Seignelay, gouvernaient à sa place. Celui qui ne choisit pas, comme les autres rois, un premier ministre chargé de choisir les autres, celui qui choisit lui-même chacun de ceux qui l'aideront et qui les garde tant qu'ils vivent, ne connaît pas seulement l'homme de la fonction, mais la fonction elle-même, et la remplit avec lui. En présence de ces relations si longues et si constantes de Louis XIV et de chacun de ses ministres, l'esprit de système seul peut se refuser à voir que sa connaissance des affaires est égale à sa profonde connaissance des hommes.

Mais, si Louis XIV est grand administrateur et grand citoyen, l'histoire nous paraît éblouie et dépasser la réalité de sa gloire quand elle lui donne sans réserve le titre de grand roi. Le véritable homme d'État, l'homme qui sait prévoir, manque au grand roi. Et en effet, quand Louis XIV n'a rien institué, rien préparé pour défendre l'honneur de la monarchie contre Louis XV, et son existence elle-même sous Louis XVI, comment trouver en lui l'homme qui prévoit?

On a pu reconnaître, il y a soixante ans, combien avait travaillé pour l'anarchie celui qui, confondant l'institution avec l'homme qui l'exerce, prit toujours le roi pour la royauté.

Napoléon, au contraire, est à peine investi de la toute-puissance, qu'il en consacre les premiers jours à imposer lui-même des limites aux pouvoirs sans bornes que lui prodigue la confiance du peuple, doublement ivre de ses souvenirs et de son espoir.

En même temps que Napoléon rend à l'autorité centrale ce droit conforme à la loi séculaire et française de la centralisation, le droit de nommer à tous les emplois, le sage organisateur de la société nouvelle donne à l'initiative du pouvoir exécutif la prévoyante limite de l'inamovibilité viagère des plus hautes fonctions. Louis XIV, en ne souffrant d'indépendant de la volonté personnelle du roi que la situation d'hommes dont les uns ne devaient leur élévation qu'à des titres d'origine douteuse, et dont les autres ne la justifiaient par aucune fonction, Louis XIV avait voulu que l'ancienne royauté n'eût à compter, devant l'opinion, qu'avec des charges achetées ou des priviléges inutiles. Napoléon veut que la monarchie moderne se trouve face à face, sous les yeux du pays, avec l'indépendance de ceux-là qu'elle a elle-même choisis comme les plus dignes, et qui rendent au peuple les services les plus grands et les plus respectés.

Par la différence des circonscriptions territoriales attribuées aux hautes fonctions de l'Etat, Napoléon n'a pas voulu permettre davantage qu'en certains jours l'une de ces fonctions primât toutes les autres, qu'un despotisme de circonstance passât tantôt au préfet, tantôt au juge, tantôt au général, à l'évêque, etc.

Là encore, la profonde sagesse de Bonaparte s'est opposée à ce que le pouvoir exécutif puisse, à un jour donné, à une heure particulière, avoir à nommer un pacha.

Les amis de la liberté n'ont pas encore compris comment le Premier Consul, en instituant pour les plus hautes fonctions de l'État l'inamovibilité, et pour chacune d'elles la différence des circonscriptions territoriales, a mis à l'abri la société moderne contre les deux principales causes de despotisme, dont sont menacées les démocraties centralisées. Qu'on laisse les parlementaires impatients de cette époque ne pas voir que le parlement n'est pas la cause de la liberté, qu'il n'en est que l'expression ; et, ne sachant pas tenir compte du temps, s'étonner que le vigoureux enfant qui vient de naître n'a pas encore la parole.

En préservant l'autorité centrale des égarements individuels, et lui donnant pour garantie les prudentes institutions qui de nos jours en règlent l'exercice, le Premier Consul avait mis à néant les dernières objections républicaines. Il avait rendu facile dans le présent ce qui depuis si longtemps était nécessaire par l'histoire, — l'hérédité du pouvoir exécutif.

Le Premier Consul avait fondé la dynastie des Bonaparte ; il était déjà l'Empereur bien avant que le peuple, ouvrant enfin les yeux, ajoutât le titre à la fonction.

Il y a des hommes qui croient pouvoir admirer l'Empereur sans vouloir l'Empire. Ces hommes n'ont rien saisi du véritable caractère de l'organisation que la France moderne doit à Napoléon. C'est, en effet, pour ses successeurs et non pour lui, pour l'avenir bien plus que pour son temps, que Bonaparte avait à garantir le pouvoir exécutif des défaillances de l'individualisme. L'omnipotence de son génie, son incroyable activité, comme le calme imperturbable de ses instincts, lui rendaient bien facile de se passer de ces institutions qui ont aidé les autres à continuer sa tâche et à gouverner après lui. Si Napoléon eût voulu régner comme on règne à Constantinople, comme aimait à régner Louis XIV, la France, tant qu'il l'eût gouvernée, eût gardé sa gloire et sa grandeur. Mais, après lui, celui-là qui aurait été tout eût disparu tout entier. Au lieu d'une société nouvelle, nous n'aurions eu qu'un grand règne.

Et c'est là ce qui distingue le mieux Napoléon de Louis XIV, et le place si haut au-dessus du roi Bourbon : car Louis XIV, au contraire, n'a jamais travaillé que pour son temps et pour l'éclat de son règne. Il est toujours resté au-dessous de la grave responsabilité d'une époque d'où, après Richelieu, devait sortir l'égalité politique, la démocratie organisée, et non la révolution.

A quoi à servi à Louis XVI d'avoir hérité de la toute-puissance personnelle de Louis XIV? Louis XVI n'a trouvé dans cet héritage qu'un souvenir sans force pour lui, et, de plus, plein de conseils dangereux.

Les Bourbons ont pris à Napoléon tout ce qu'il avait gardé de puissance personnelle. Mais leur jalousie comme leur haine n'a pu rien changer au puissant ensemble des institutions nouvelles dont il avait entouré et appuyé la monarchie moderne. Aussi, quelque soin qu'on ait pris à faire illusion au peuple, l'œuvre lui a toujours rappelé celui qui l'avait fondée. Pendant le double règne des Bourbons, les Bonaparte semblaient briller aux yeux du peuple par leur absence même.

C'est en individualisant l'ancienne monarchie française que Louis XIV l'a fait sujette aux infirmités de la nature de l'homme, et destinée à en périr.

Louis XIV a perdu les Capétiens.

En limitant la puissance personnelle que lui prodigua la France, et en donnant à la monarchie moderne le solide entourage des institutions qui la soutiennent et qui la dirigent, le Premier Consul a créé les Bonaparte.

II

NAPOLÉON ET WASHINGTON.

Sur le territoire des futurs Etats-Unis, du temps de Washington, il n'y avait encore rien d'assez fait, pour qu'alors il fallût songer seulement à le continuer. La recherche des choses nouvelles par l'élection des chefs d'Etat nouveaux convenait à cette société qui n'était point encore née, et qui, aujourd'hui, est à peine naissante.

Napoléon, au contraire, avait à donner, et a donné à un pays antique notre nouvelle organisation démocratique, longuement gagnée par huit siècles de progrès.

Dans un pareil pays, et après une telle œuvre, il n'y avait plus qu'à organiser la tradition. Napoléon devait être dynastique. S'il ne se fût pas fait dynastique et qu'il fût resté républicain, Napoléon se serait deux fois mépris et sur la grandeur de son œuvre et sur les besoins de son pays.

Washington, au contraire, serait tombé dans la plus étrange illusion, non-seulement sur ce qu'il avait fait, mais sur ce qu'il y avait à faire, s'il avait songé à organiser par une dynastie la tradition d'une nation là où n'étaient pas réunis de son temps (et il est douteux qu'ils le soient aujourd'hui) les éléments d'où sortent les nationalités sérieuses.

Que pouvait être la royauté dans un pays où il n'y a pas encore de ces sentiments généraux assez élevés pour qu'ils aiment à se personnifier dans un grand chef d'Etat?...

Là où le sentiment de l'art est à peine connu, il n'y a pas de place pour un François Ier.

Là où le sentiment de la justice est loin de dominer tous les autres, il n'y a pas de place pour un saint Louis.

Là où la nationalité même la plus confuse
ne saurait rien avoir à craindre de la nationalité voisine. il n'y a pas de place pour un
Louis XIV ou un Napoléon.

Et que serait-ce donc qu'une monarchie
dans l'histoire et dans le respect du peuple,
si cette monarchie n'avait à fournir à l'histoire
aucune grande figure, ni des statues vénérées
aux places publiques?

La foi dynastique de Napoléon en ce qui
doit être continué par sa race, la modestie
présidentielle de Washington, — et c'est la
gloire de cette modestie, — sont également
vraies, si elles ne sont pas également grandes.

§ III.

NAPOLÉON ET CROMWELL.

Cromwell ne créa point de dynastie nécessaire, parce que, s'il donna la paix, il n'avait
point organisé la société.

Sans doute plusieurs successeurs habiles
de sa famille eussent pu garder le pouvoir; et,
au bout de quelque temps, il est probable, et
même certain, que le peuple eût pris l'habitude du pouvoir de cette famille. L'œuvre,
quand mourut celui qui l'a commencée, n'é-
tait pas seulement à continuer et à achever,
elle était à créer par l'habitude.

En effet, Cromwell ne fut point réellement
grand, il ne fut qu'utile. Peu importe dans

quelles proportions! Les générations présentes
pouvaient vivre et elles ont vécu tranquilles
et prospères sous lui; mais les générations
suivantes n'avaient rien trouvé dans sa vie
dont elles dussent faire la conversation éternellement dite et redite du foyer des chau-
mières, ou la chanson obligée de toute fête
publique, comme de toute fête de famille.

Il n'y eut, dans Cromwell, rien d'assez
idéal pour en faire la légende du peuple,
nous ne disons pas de son vivant, comme Napoléon, mais même après sa mort.

Voilà pourquoi la descendance de Cromwell
n'était nécessaire ni au respect, ni à la reconnaissance du peuple, pas plus qu'à son imagi-
nation.

Ajouterons-nous que l'histoire, depuis
qu'elle est devenue précise, a rendu tristes
à lire plusieurs de ses pages, en y inscrivant

quelques actes de bouffonnerie et de grossiè-
reté qui devaient rendre sa grandeur difficile
à prévoir, mais qui montrent bien qu'elle devait avoir sa limite?

Pour mettre ce troisième contraste en son
jour, un seul mot nous suffit sur Napoléon.

Toutes les institutions de la démocratie ac-
tuelle ont été créées par Napoléon. Tant que
ces institutions n'auront pas cessé d'être né-
cessaires, — et l'impuissance de la Restaura-
tion à restaurer montre à quel point elles le
sont à notre temps, — ces institutions racon-
teront éternellement au peuple la gloire de
celui qui les a fondées pour lui. Le peuple
ne pourra oublier son nom qu'en oubliant la
reconnaissance.

Voilà pourquoi la dynastie de Napoléon sera
nécessaire en France tant que nous ne nous
serons point avilis dans l'ingratitude. Voilà
pourquoi cette dynastie, si elle pouvait tomber
encore, sera chaque jour à la veille de ressus-
citer, tant qu'il restera dans le cœur du peu-

ple un seul remords de son peu de mémoire.

Cromwell est un fait. Napoléon fut le droit futur.

§ IV.

Mais, lorsque les esprits se reportent ainsi vers ces époques célèbres qui mieux que les autres nous apprennent à distinguer le rôle attribué aux dynasties, on voit se dresser d'elle-même l'irrésistible preuve que ce n'est point un accident que la fin de ces grands événements dont nous avons le spectacle; qu'en France, aujourd'hui, — quand la république et les Bourbons se retirent devant les Bonaparte, — tout est conforme à l'éternelle loi, d'où, suivant les temps et les lieux, sortent les gouvernements propres à chaque nation.

Paris. — Imprimerie Simon Raçon et Cᵉ, rue d'Erfurth, 1.